L'ÉGLISE DANS L'ÉTAT.

Se trouve :

A METZ, chez LORETTE, Libraire ;

A VALENCIENNES, chez LEMAITRE, Libraire.

Imprimerie de RAYNAL, à Rambouillet.

L'ÉGLISE DANS L'ÉTAT

Par EDME VAY.

Dédié à

M. EUGÈNE SUE.

Et précédé d'une Lettre de l'auteur du *Juif Errant.*

PARIS,

EDOUARD GARNOT, LIBRAIRE,

RUE PAVÉE-SAINT-ANDRÉ-DES-ARCS, N° 7.

1845

A

M. EUGÈNE SUE.

Monsieur,

Je regarde comme un devoir qui m'est imposé par la sympathie la plus vive et la plus sincère admiration, de vous prier d'accepter l'hommage de ce petit livre.

J'ai voulu prendre part à l'œuvre

courageuse que vous avez entreprise, et rassembler quelques pensées utiles sur le sujet que vous traitez aujourd'hui d'une façon si grave et si loyale, sous la forme attachante et remarquable d'un roman.

Ai-je réussi? Je n'ose l'espérer. Je serais trop heureux si mes convictions pouvaient du moins mériter votre assentiment.

Agréez, Monsieur, l'assurance de mon respect et de mes bien dévoués sentiments.

EDME VAY.

RÉPONSE

DE M. EUGÈNE SUE.

. . . .

. . . .

Agréez, Monsieur, mes remerci-ments pour la brochure que vous voulez bien m'offrir ; j'ai été à la fois très heureux et très flatté.

Nous marchons dans la même voie, Monsieur, et je m'en félicite.

Les cœurs vaillants et honnêtes ne sauraient trop se réunir contre l'*ennemi*.

Il grandit, il menace, il faut serrer ses rangs. . . . .

. . . .

Croyez, Monsieur, à mes sentiments bien distingués.

EUGÈNE SUE.

Paris, 18 janvier 1845.

Que ne sacrifierait-on pas pour régner dans l'ombre, sur ces tout puisssants de la terre qui règnent au grand jour.

(M. EUGÈNE SUE, *Juif Errant*, 3e v., p. 49.)

L'Eglise est une grande, une haute, une auguste puissance, mais elle n'est pas dispensée d'avoir le bon droit pour elle. Elle a triomphé de la persécution à des époques antérieures; cela est vrai, et cela devait être pour l'honneur de l'humanité.

Elle ne triomphera pas de la raison calme, respectueuse, mais inflexible.

(*Rapport de* M. Thiers, *sur le projet de loi relatif à l'instruction secondaire.*)

« La charité, disait saint Paul (1),
» est patiente, elle est douce, elle est
» bienfaisante.

---

(1) *Première Épître aux Corinthiens*, chap. XIII.

» Elle n'est point envieuse, elle
» n'est point téméraire et précipitée,
» elle ne s'enfle point d'orgueil.

» Elle n'est point ambitieuse, ne
» cherche point ses propres intérêts;
» elle ne s'irrite point, elle ne s'aigrit
» de rien, elle n'a pas de mauvais
» soupçons; elle ne se réjouit point
» de l'injustice, mais elle se réjouit
» de la vérité.

» La charité tolère tout, elle croit
» tout, elle espère tout, elle souffre
» tout. »

Cette doctrine sublime de la charité, émanée d'une inspiration vraiment divine, était celle de notre primitive Église, et l'Église avait alors raison d'être fière.

Toute humble qu'elle était, la noblesse de ses principes la mettait au dessus des rois de ce monde, et elle pouvait leur parler sans crainte; elle ne se mêlait point des misérables intérêts d'ici-bas, et si elle réclamait, c'était toujours au nom de l'humanité.

Ces admirables préceptes, confiés à quelques hommes d'élite, conservèrent longtemps toute leur pureté; mais peu à peu ils s'altérèrent.

Profitant de l'ascendant que leur donnait le prestige de la religion, les ministres de Dieu substituèrent à cette œuvre de patience et d'humilité, une œuvre d'orgueil et d'ambition.

Leur royaume fut alors de ce monde.

Celui *qui devait avoir son petit logis près de l'église, des meubles d'un vil prix et une table pauvre*, se fit riche et puissant seigneur.

Comme au souffle de cette parole divine dont il était l'interprète, il se forma pour lui des fiefs et des trésors!

Ses ressources, si petites qu'elles auraient pu tenir d'abord dans la main, prirent bientôt d'immenses développements.

Le simple surveillant des premières assemblées de fidèles, devint un prélat arrogant toujours prêt à disputer au pouvoir temporel des droits incontestables. On le voit tantôt flatter, tantôt combattre l'autorité souveraine, et de ces flatteries ou de ces luttes il retire toujours quelque avantage.

Un ancien (1) conseillait aux rois

---

(1) Aristote, *Polit.*, liv. 5, chap. II.

d'être religieux, parce que, disait-il, les peuples accueillent comme juste, tout ce qui émane d'un prince pieux, et parce que les malintentionnés n'osent rien entreprendre contre celui qu'ils croient être sous la protection de la divinité.

Dans cette maxime, qui a presque toujours été suivie instinctivement, se trouve une partie du secret des empiétements de l'Église.

Soumettre toute puissance, centraliser toute l'autorité dans sa main, tel est le vœu qu'elle s'est efforcée de réaliser.

Pour cela, il fallait oublier ses idées premières, il fallait renier son Dieu, il fallait déserter sa mission, chercher à effrayer par son despotisme au lieu de travailler à répandre la persuasion dans les consciences; il fallait abandonner le ciel pour la terre.

Rien ne coûta!

Le but marqué, la théocratie voulut l'atteindre.

A entendre saint Cyprien, l'on dirait que le christianisme repose non pas sur l'accomplissement des devoirs de morale, mais sur une servile obédience aux volontés épiscopales.

Il est curieux et triste à la fois, en interrogeant l'histoire, de suivre à travers les siècles cette marche incessante de la puissance ecclésiastique; de surprendre, au milieu des événements politiques, son acheminement progressif, quoique souvent inaperçu; de voir le clergé réclamer avec tant d'ardeur ces biens que des fidèles lui avaient légués dans les terreurs de leur conscience habilement maîtrisée, *afin d'obtenir le repos de leur âme et de n'être point, après la mort, placés parmi les boucs.*

En partie dépossédé par Charles-Martel, il obtint de Charlemagne l'établissement des dîmes.

Le pape Grégoire VII se charge de jeter, pour ainsi dire au moule, les prétentions de l'Église, et les présente à l'Europe sous la forme la plus audacieuse.

« Le pape, publiait-il, est l'évêque universel; il est indubitablement saint et ne se trompe jamais. A lui seul appartient de faire de nouvelles lois. Nul ne peut infirmer ses décrets; il peut abroger ceux de tous.

» Aucune créature humaine n'a puissance de le juger.

» Son nom est le nom unique dans le monde.

» Lui seul peut revêtir les insignes de l'empire ; tous les princes doivent baiser ses pieds (*A*).

» Lui seul dépose ou absout les évêques, constitue ou abolit les églises, assemble et préside les conciles.

» Lui seul destitue les empereurs.

» C'est devant lui que les sujets accusent leurs princes et c'est lui qui dégage du serment de fidélité (1). »

Innocent II sacre lui-même l'archevêque de Bourges dont Louis VII ne voulait pas reconnaître l'élection, et traite le roi de France de jeune homme qu'il fallait instruire et ne point ac-

---

(1) LABBÉ, tome X, page 110.

coutumer à se mêler d'affaires d'Église.

« Sire, disait Guy, évêque d'Auxerre, à saint Louis, dans une assemblée générale des évêques, tous ces seigneurs qui ici sont archevêques et évêques, m'ont dit que je vous dise que la chrétienté se périt et fond entre vos mains.

» Or me dites comment ça est, » demanda le roi.

On se plaignit alors des seigneurs et des gens du roi qui ne voulaient point exécuter les jugements des tribunaux ecclésiastiques.

Saint Louis promit de faire exécuter ces sentences si elles étaient *droiturières*, mais on refusa de les soumettre à son examen.

Ainsi s'accomplit toujours cette parole de Grégoire VII :

« Autant l'or est au dessus du plomb, autant la dignité épiscopale est au dessus de la dignité royale ; la première a été établie par la bonté divine, la seconde inventée par l'orgueil humain. »

Ainsi l'on oubliait le précepte de saint Paul :

« Que toute puissance soit soumise aux puissances supérieures, car il n'y a point de puissance qui ne vienne de Dieu, et c'est lui qui ordonne celles qui sont sur la terre ; celui donc qui s'oppose aux puissances, résiste aux ordres de Dieu. »

La pensée de l'impétueux Hildebrand se vivifie; et sous toutes les formes, elle domine la conduite du clergé; les siècles modernes nous en fournissent de trop sinistres preuves.

Depuis la pragmatique-sanction de 1268 (1) jusqu'à 1789, c'est une lutte incessante entre le pouvoir spirituel et le pouvoir temporel, souvent dissimulée sous les dehors trompeurs d'une alliance.

Les diverses phases de cette lutte se retrouvent, soit dans la pragmatique-sanction de Charles VII (7 juillet 1438);

Soit dans le concordat du 16 août 1516 entre François Ier et Léon X;

Soit dans la célèbre déclaration du clergé de France (19 mars 1682);

Et elle n'est enfin interrompue que par les lois d'août et novembre 1789.

Le niveau révolutionnaire abaissa toutes les grandeurs ecclésiastiques;

---

(1) Voir note *B*.

le clergé accoutumé (1) à se considérer depuis des siècles comme le premier ordre de l'État, dont les revenus s'étaient élevés à cent trente millions et qui comptait un personnel de quatre cent mille individus, tant hommes que femmes, se vit en quelques jours dépouillé de son autorité et de ses richessses, les dîmes furent abolies, les biens de l'Église mis à la disposition de la nation, les officialités supprimées ; on alla plus loin : il fut déclaré

---

(1) La suprématie du clergé a été formellement reconnue par une déclaration de Henri III, 10 février 1580 ; par des lettres-patentes de Henri IV, du 1er mai 1596 et 9 décembre 1606, et de Louis XIII des 10 août 1615 et 15 juin 1628, et plus solennellement encore assurée et confirmée par les dispositions de l'édit du mois d'avril 1695.

qu'il n'y aurait aucun culte salarié par l'État, qu'il ne serait fourni aucun local, ni pour l'exercice du culte ni pour le logement de ses ministres; on institua des fêtes en l'honneur de la Raison, cette pauvre et fragile divinité.

Dans ce rapide désastre de tous les priviléges auxquels l'esprit philosophique du siècle avait porté depuis longtemps une redoutable atteinte, l'Église, qui était la sœur aînée de la noblesse en fait de droits seigneuriaux et de richesses, fut entraînée comme elle.

Ce fut là une réaction terrible, qui fournissait au clergé un utile enseignement, et lui montrait la route qu'il avait à suivre.

Il devait dès-lors mieux comprendre sa mission; laisser de côté les subtilités mystiques, renoncer à son esprit de despotisme et d'envahissement; et lorsque par le concordat de 1801, la religion fut légalement reconstituée, il ne s'agissait pas de catéchiser l'amour pour le restaurateur du culte sous peine de damnation éternelle (1), de faire des exagérations inutiles, mais de suivre sans arrière-pensée la tendance réformatrice, d'accepter franchement la leçon du passé, de se renfermer dans les attributions du saint ministère : enseigner la vertu au nom de la divinité.

Il n'en fut pas ainsi.

Lorsque reparut sur le trône cette vieille royauté qui s'était habituée

(1) Catéchismes de l'époque.

aux prétentions de l'Église et lui demandait même la consécration de son pouvoir, l'Église reprit toute son ancienne ambition.

Le roi que *la divine Providence rappelait dans ses Etats après une longue absence, octroya à ses sujets, tant pour lui que pour ses successeurs et à toujours, une charte constitutionnelle* (1), *dans laquelle il fut dit :*

ARTICLE 5.

Chacun professe sa religion avec une égale liberté et obtient pour son culte la même protection.

Puis l'on ajouta :

---

(1) Charte de 1814.

ARTICLE 6.

Cependant la religion catholique apostolique et romaine est la religion de l'État.

Bientôt après il fut ordonné d'interrompre les travaux ordinaires les dimanches et jours de fêtes reconnus par la loi de l'État (1).

« On défendit :

» Aux marchands d'étaler et de vendre les ais et volets des boutiques ouverts.

» Aux colporteurs et étalagistes de colporter et d'exposer leurs marchandises dans les rues et places publiques.

» Aux artisans et ouvriers de travail-

(1) Loi du 18 novembre 1814.

ler extérieurement et d'ouvrir leurs ateliers

» Aux charretiers et voituriers employés à des services locaux, de faire des chargements dans les lieux publics de leur domicile.

» Dans les villes dont la population s'élevait au delà de cinq mille âmes, ainsi que dans les bourgs et villages, il était défendu aux cabaretiers, marchands de vins, débitants de boissons, traiteurs, limonadiers, maîtres de paume et de billard, de tenir leurs maisons ouvertes et d'y donner à boire et à jouer lesdits jours, pendant le temps de l'office. »

L'Église devait être satisfaite; la loi se faisait dévote... elle imposait à tous la sanctification.

Mais l'Église trouva encore à réclamer :

Il fallut abolir le concordat de 1801, et le 11 juin 1817, il intervint entre Louis XVIII et le pape Pie VII, une convention qui rétablissait le concordat de 1516.

Ce nouvel arrangement fut sans résultat, mais il n'en demeure pas moins pour nous comme une manifestation, comme une preuve.

La loi qui devait sanctionner cet arrangement avait été repoussée; une consolation fut offerte à la cour de Rome : cette consolation se trouva dans l'élévation de nouveaux siéges épiscopaux (1).

On cherchait toujours à détourner

---

(1) Loi du 4 juillet 1821.

la colère de l'Église ; la mécontenter eût été une faute si grave, une imprudence si coupable.

La loi civile devait lui rendre un dernier hommage, le plus funeste, le plus terrible de tous.

Au nom d'une religion toute de clémence et de bonté, au nom d'une religion qui a horreur du sang, on prétendit prévenir infailliblement la justice de Dieu, et, pour la satisfaire, on adopta la mort et les supplices.

Voici comment la puissance temporelle, agissant sous l'influence de l'autorité spirituelle, admettait, pour le bon plaisir de l'orthodoxie catholique, la plus effrayante pénalité.

DU SACRILÉGE (1).

Article 1er. La profanation des vases sacrés et des hosties consacrées, constitue le crime de sacrilége.

Art. 2. Est déclarée profanation, toute voie de fait commise volontairement et par haine ou mépris de la religion, sur les vases sacrés ou sur les hosties consacrées.

Art. 3. Il y a preuve légale de la consécration des hosties, lorsqu'elles sont placées dans le tabernacle ou

(1) Loi pour la répression des crimes et des délits commis dans les édifices ou sur les objets consacrés à la religion catholique ou aux autres légalement établies en France.— 20 avril 1825.

exposées dans l'ostensoir; et lorsque le prêtre donne la communion ou porte le viatique aux malades.

Il y a preuve légale de la consécration du ciboire, de l'ostensoir, de la patène et du calice employés aux cérémonies de la religion au moment du crime.

Il y a également preuve légale de la consécration du ciboire et de l'ostensoir enfermés dans le tabernacle de l'église ou dans celui de la sacristie.

Art. 4. La profanation des vases sacrés sera punie de MORT, si elle a été accompagnée des deux circonstances suivantes :

1° Si les vases sacrés renfermaient, au moment du crime, des hosties consacrées; 2° si la profanation a été commise publiquement.

La profanation est commise publiquement lorsqu'elle est commise dans un lieu public et en présence de plusieurs personnes.

Art. 5. La profanation des vases sacrés sera punie des travaux forcés à perpétuité, si elle a été accompagnée de l'une des deux circonstances énoncées dans l'article précédent.

Art. 6. La profanation des hosties consacrées, commise publiquement, sera punie de MORT; l'exécution sera précédée de l'amende honorable faite par le condamné, devant la principale église du lieu où le crime aurait été commis, ou du lieu où aura siégé la cour d'assises.

Ces dispositions inhumaines étaient uniquement inventées en faveur de la religion de l'État, et n'avaient en définitive pour but, que de déclarer la guerre à l'hérésie (1).

Elles ne rappellent point, on l'avouera, le système tolérant de la charte quand elle promettait à chacun, pour sa religion une égale liberté, et pour son culte la même protection.

L'esprit de l'Église avait donc envahi le pouvoir..... Selon le principe formellement énoncé dans l'article 5 (2), il fallait en bonne politique, pour conserver à tous la même liberté, la même protection, pour harmoniser entre eux, ces cultes divers admis par la loi, tenir la main à ce qu'aucune cérémonie religieuse n'eût

(1) Voir note *C*.
(2) Charte de 1814.

lieu hors des édifices consacrés au culte catholique, dans les villes où il y avait des temples destinés à différents cultes (3).

Cela ne fut pas fait.

La religion de l'État, ou pour mieux dire, l'Église, car ici la religion n'est nullement en cause, Dieu m'en garde, l'Église triomphait; elle avait retrouvé tout son orgueil, elle avait pris une attitude menaçante, elle parcourait fièrement les rues; de par le roi l'on lui faisait faire passage.

Hors de l'Église point de salut.

Ce principe était trivialement appliqué aux choses les plus humbles, aux nécessités les plus vulgaires de la vie.

---

(1) Loi de 1802, art. 45.

La restauration s'était enfin enchaînée à l'Église, et l'État se trouvait sous le joug de la dévotion.

Alors s'expliquent, si de telles choses sont explicables :

Cette dépendance servile à laquelle on s'efforça d'assujettir les âmes (1);

Cette surveillance active exercée sur la conduite de chacun;

Ces interdictions prononcées contre ceux qui n'avaient point fait leurs pâques; contre les paroissiens qui n'assistaient pas fidèlement les dimanches et fêtes aux offices divins;

Ces récriminations odieuses et tyranniques, violation flagrante de la loi, qui tendaient à faire déclarer nuls les mariages civils.

---

(1) Mandement de l'archevêque de Rouen, prince de Croï.

Dans ce déplorable concours de circonstances, la royauté s'était peu à peu effacée; la vieille monarchie qui disparut en 1830, était représentée par « un vieillard passant de la » messe à la chasse; son fils s'occu- » pant de revues et d'uniformes sans » vue de grandeur, uniquement pour » s'assurer une armée dévouée, car » on ne disait pas alors : l'armée est » nombreuse, belle, aguerrie; on di- » sait : elle est fidèle; un enfant livré » à un émigré et à des évêques sans » lumières; une princesse qui aurait » pu avoir la dignité du malheur et » qui n'en avait que l'aigreur; une » autre princesse dissipée et fanatique » comme une Italienne. Telle était » cette famille, étrange copie des » Stuarts; famille infortunée qu'on

» voyait à peine, qui s'enfermait dans
» un nuage de préjugés et d'obscu-
» rités, et qu'on apercevait emportée
» quelquefois par huit chevaux qui
» semblaient la dérober aux yeux de
» la France (1). »

La révolution de juillet ne montra pas une haine brutale contre l'Église, et ne se rendit pas coupable du non sens dont l'accuse M. de Lamartine, le jour où elle proclama une religion de la majorité, dans un État des cultes soi-disant libres.

Elle a constaté un fait, et voilà tout. A savoir qu'il y avait en France des luthériens, des calvinistes, des israélites, dont les croyances, sans être celles de la majorité, étaient tout

(1) Thiers, *Monarchie de* 1830.

aussi respectables, et comme elles méritaient protection.

Elle n'a pas voulu laisser subsister dans la loi les mots de religion de l'État en parlant de la religion catholique romaine, et elle a eu raison, car, il ne faut pas l'oublier, l'État n'est pas plus aujourd'hui catholique apostolique et romain, qu'il n'était hier calviniste, luthérien, israélite, etc... Il a adopté le principe d'une sage et noble tolérance, il ne veut froisser aucune conviction, il ne fait plus la guerre aux consciences.

C'est là quelque chose non seulement de généreux et de grand, mais aussi d'utile à la religion de la majorité des Français.

Être généreux en France envers cette minorité de croyances diverses, c'était imposer à ces mêmes croyances, ailleurs où elles sont en majorité, une réciprocité naturelle d'égards et de bons sentiments (1).

Une nouvelle voie était ouverte à l'Église ; en la prenant elle se conciliait toutes les sympathies ; la civilisation avait grandi, l'esprit du siècle, qui comprend plutôt la doctrine de l'Évangile que les fantaisies épiscopales, avait progressé, il n'y avait plus de prestige pour lui ; les apparences mystérieuses ou surhumaines ne le séduisaient plus.

Le siècle disait comme Montaigne : « On me fait haïr les choses les plus évidentes quand on me les plante pour infaillibles. »

---

(1) Voir note *D*.

Ce n'est point en effet avec l'esprit des autres qu'il raisonne ; il n'interroge que son propre bon sens. La pensée de renverser la théocratie à l'aide de l'athéisme lui ferait horreur. Non ! la véritable croyance religieuse existe au fond des cœurs ; non, l'idée d'un Dieu tout puissant est plus vive et plus forte que jamais ; l'adoration pour la divinité conserve toutes ses sublimes manifestations.

Dans ces rapports de respect et de piété, dans ces saintes communications avec l'Être Suprême, il faut un intermédiaire ; il faut qu'au milieu de la multitude humble et prosternée, il se trouve un homme qui lui redise les divines paroles, qui fortifie les consciences, qui console les cœurs, qui se fasse l'interprète de la pensée universelle.

Devra-t-il, l'homme qui se chargera de cette grave et solennelle mission, s'entourer de nuages qui le cachent aux yeux de ses frères, s'élever au dessus d'eux, s'établir en un sanctuaire où les regards de tous ne pourront pénétrer, faire de sa vie un mystère presque sacré, et à l'aide de je ne sais quelle influence mystique, accaparer toute puissance; commander au lieu de conseiller?

Nullement!

Cet homme, simple organe de la raison suprême, se souviendra avant tout qu'il est homme, et qu'il n'occupe une place ni plus haute ni plus basse que tout autre dans l'œuvre de la création; que les nobles fonctions dont il est investi ne le rendent point infaillible, et ne lui donnent en aucune façon le droit d'être juge irrévocable des actions humaines, de se présenter comme le dispensateur des punitions ou des faveurs divines.

Cet homme n'oubliera point que dans cette société qui l'a fait le dépositaire des éternelles vérités de la foi, il n'est que l'égal de tous les membres dont elle se compose, qu'il est soumis aux régles constitutives de cette société et qu'il ne lui est pas permis de les enfreindre.

Il est citoyen, et comme tel fils de cette grande famille que l'on nomme la patrie; il doit à tout ce qu'elle ordonne, respect et fidélité.

Cet homme devra vivre au grand jour; il ne s'enfermera pas loin du monde, mais il y apparaîtra pour rappeler le souvenir de la Providence et ses inspirations adorables, en évitant toutefois de se considérer comme un être exceptionnel au sein de la civilisation.

Spectateur de toutes les agitations du cœur humain et connaissant tout ce qu'il peut contenir, joie ou peine, bonheur ou misère, il ne sollicitera jamais les confidences, il attendra l'heure des avœux, le moment où son frère viendra le prendre pour juge de sa conduite et lui dira :

« Voilà ce que j'ai fait; ai-je bien ou mal agi? magistrat de ma conscience, c'est à vous de prononcer ! »

Oui, dans la société moderne, cet homme ne sera qu'un magistrat chargé de proclamer les principes de la loi religieuse et morale, les admirables doctrines de l'Evangile.

Cette magistrature dont il sera membre, ne se croira point avilie en recevant un salaire de l'État, ainsi que toute administration qui doit dépendre du gouvernement.

Elle ne prétendra pas à une dotation exceptionnelle, peut-être même inaliénable, elle renoncera loyalement à de semblables priviléges et n'aura point de honte d'accepter la juste rémunération de ses travaux et de ses peines.

Comme toute administration, elle reconnaîtra sans colère les droits que la société peut exercer sur elle.

Le gouvernement qui a pour mission de tenir dans sa main tous les liens de la vie civile, doit veiller à ce qu'elle ne soit jamais troublée, à ce que rien ne vienne en contrarier la marche.

En conséquence, à lui le pouvoir de modifier les institutions de l'Église, lorsqu'elles touchent à l'organisme civil.

A côté de ce droit souverain, se trouve celui de protéger : grande prérogative que certainement l'Église ne lui refusera pas.

Et cette protection ne pourra manquer à l'Église, si elle régle son action sur l'intérêt général, si elle se soumet de bonne foi à l'examen du gouvernement, à sa surveillance impartiale, si elle veut vivre avec tout le monde, si elle ne fait pas caste à part au sein de la nation.

Assurant à cette magistrature religieuse le salaire indispensable à son existence, il doit, comme à l'égard de toute administration, être le maître des biens qu'elle peut si facilement acquérir, et en conserver la libre disposition.

Ainsi :

Noble administration concourant avec les autres à l'œuvre du gouvernement :

Telle sera l'Église !

Organe de cette administration, de cette magistrature :

Tel sera le prêtre.

Mais ô malheur ! l'Église ferme les yeux devant cet avenir et l'un de ses chefs, refusant naguère d'y croire, en repoussait la pensée avec une singulière énergie :

« Chose étrange, s'écriait monseigneur l'archevêque de Paris dans son Mémoire adressé à la Chambre des Pairs, il est des hommes qui veulent que nous soyons des fonctionnaires, c'est-à-dire des délégués du pouvoir. »

Un tel système, je le comprends, doit faire tressaillir l'Église ; elle qui ayant sitôt oublié la terreur que lui avaient inspirée les premiers jours de la révolution de 1830, s'est imaginée qu'il n'y avait en France que la dynastie royale de changée, et a prétendu vivre comme autrefois.

Plusieurs années de calme avaient suffi pour l'établir dans cette séduisante erreur ; elle a repris vitè toute son assurance et a voulu s'imposer de nouveau à l'État.

Elle a porté ses superbes doléances jusques au pied du trône.

Pendant quelque temps elle s'était soumise aux événements ; elle s'était renfermée dans le cercle véritable de ses attributions et de ses droits ; et il lui était aisé de voir qu'elle n'en était pas moins respectée pour cela ; que la croyance qu'elle représentait n'était nullement éteinte.

Ce qui aurait dû la maintenir dans la sage réserve qu'elle avait adoptée, lui rendit au contraire toute son ambition.

Nous en avons vu les déplorables effets.

Elle déserta le principe de tolérance par elle un moment accueilli.

« Si les professeurs, disait M. l'archevêque (1), ne sont ni juifs, ni protestants, ni catholiques, que sont-ils donc ? Qu'on veuille bien nous le dire, non pas en eux-mêmes, *nous*

(1) Mémoire à la Chambre des Pairs.

avons d'eux une trop bonne opinion pour faire cette supposition, mais que sont-ils dans la pensée de leur interprète? *Ce sont des hommes respectueux pour tous les cultes, respect qui n'a jamais été que de l'indifférence pour toutes les religions, et souvent la haine de la religion catholique.* »

Il est impossible, je crois, de pousser plus loin les exigences de l'orthodoxie.

C'est sous l'inspiration de cette idée d'absolutisme régénéré, que M. l'archevêque de Lyon a voulu frapper d'excommunication un collége, en lui retirant son aumônier;

Que M. l'abbé Combalot se rendait passible d'une condamnation criminelle;

Et que, sans égard pour les inviolables décisions de la justice, un évêque lui adressait l'éloge de l'ouvrage frappé par la vindicte publique, et regrettait qu'il n'eût point pour auteur un évêque.

Les congrégations religieuses nous ont envahis : chacun de leurs membres est revenu sur la terre de France, sans bruit, sans costume, dans le plus strict incognito, et à un jour donné, ils se sont tous, comme par enchantement, trouvés rassemblés.

Dès-lors ils ont travaillé ouvertement, *et leur œuvre est parvenue, en quelques années d'efforts publics, à une vie réelle que nul ne peut lui contester.*

L'obole accordée à la mendicité, non pas à la mendicité pauvre et honteuse, mais à la mendicité exigeante et altière, habile solliciteuse qui sait on ne peut mieux frapper aux portes, qui spécule en grand sur sa détresse apparente, va servir à élever des monastères (1).

N'est-il pas désolant de voir avec quelle opiniâtreté et par quels moyens se recrutent certaines assemblées soi-disant religieuses :

A l'ouvrier, l'on envoie des lettres d'invitation; au maître, l'on ordonne d'amener ses ouvriers.

Que ce dernier obéisse! son intérêt l'y engage..... sinon quelque bonne clientelle sera donnée à un autre plus obséquieux.

Dans cette triste alternative se débat la conscience du maître; il cède

(1) Voir note *E*.

enfin, et devient un instrument entre les mains de cette autorité occulte.

Ses ouvriers quitteront l'atelier, ou feront avec lui partie de cette singulière légion.

Et, comme il faut vivre, comme il faut nourrir sa famille, chacun se dit, le désespoir dans l'âme, qu'il doit acheter à tout prix son existence, celles de sa femme et de ses enfants.

« Que font ces nouveaux chrétiens enfouis au sein des catacombes? demandait un illustre et courageux écrivain (1); dans quel abîme d'ascétisme se plongent-ils? quel secret leur enseigne-t-on dans la poussière des tombeaux? Plongé dans le saint des saints

(1) M. Edgard Quinet, *Réponse à quelques observations de Monseigneur l'archevêque de Paris.*

un jésuite tire une loterie et fait un cours de physique amusante. »

Dieu veuille qu'il ne soit question que de ces futilités, et que sous ces apparences frivoles ne se cachent point de sinistres projets.

Il n'y a plus à douter de ce despotisme, de cet envahissement; des actes officiels l'ont établi d'une façon malheureusement trop irrécusable.

Écoutez ce que révélait M. Robinet au conseil municipal :

« Pendant qu'on cherche à s'emparer de nos enfants dans les colléges, disait-il, déjà des congrégations excessivement humbles d'abord, ont ouvert à des prix infimes des pensionnats pour la classe ouvrière aisée. D'un autre côté, des ateliers d'apprentissage sur une grande échelle, dirigés par des congrégations, saisissent les jeunes ouvriers. Ceux qui leur échappent dans ces maisons, sont pris le soir et le dimanche dans d'autres lieux qui s'ouvrent comme par enchantement dans tous les quartiers. Des congrégations d'hommes et de femmes arrivent de tous les points de la France à Paris pour travailler à ce grand œuvre qui semble conduit par une main invisible, mais puissante. Enfin, on n'oublie rien, et des sœurs ursulines de Dijon, des sœurs de la charité chrétienne de Nancy, arrivent à Paris, mandées par un vicaire de Notre-Dame, ou commissionnées par des évêques bien connus par l'exagération de leur zèle, pour se charger d'une mission négligée jusque-là. Ces dames auront à recevoir et à

placer *les domestiques des deux sexes*, et, comme accessoire, « les maîtres-
» ses et sous-maîtresses, des ouvrières
» en tout genre, des dames de con-
» fiance pour les grandes maisons,
» pour la comptabilité et la tenue des
» livres, l'administration et la direc-
» tion dans les magasins et les établis-
» sements industriels, et en général à
» se charger de tous les placements
» de femmes dont peut s'occuper *la*
» *charité chrétienne.* »

» Attendez, il y a encore quelque chose :

» La maison présente aussi une re-
» traite sûre aux jeunes personnes et
» aux dames qui, arrivant de pro-
» vince, soit pour placement, soit
» pour affaires, ne peuvent convena-
» blement se mettre dans un hôtel. »

» Puis en note :

« La maison place aussi les con-
» cierges et les apprentis de tous les
» états.

» L'établissement reçoit des pen-
» sionnaires à des conditions très
» modérées. »

» Il est évident que c'est par modestie que les dames ursulines ont omis d'autres personnes qu'elles doivent aussi parfaitement connaître.

» Enfin, nous vous signalons, Messieurs, cette dernière note :

« Les ursulines reçoivent volon-
» tiers, pour les employer dans leurs
» établissements selon leur aptitude,
» les sujets peu aisés qui ont de la
» piété et une vertu solide. MM. les
« ecclésiastiques qui connaîtraient de

» telles personnes qui désirent vivre
» dans une communauté, soit comme
» sœurs, si elles ont de la vocation,
» soit seulement comme agrégées in-
» ternes sont priés de les adresser à
» Mme la supérieure, qui les occupera
» dans l'enseignement, si elles ont
» de l'instruction, ou dans d'autres
» œuvres, si elles n'ont pas fait d'é-
» tudes.

» La supérieure de la maison ne
» perd pas de vue les sujets quand
» ils sont placés. Sa sollicitude les
» suit dans la capitale. Elle les invite
» à venir la voir de temps en temps,
» et s'ils sont fidèles, ils trouvent
» dans ces relations un préservatif
» dans les dangers et des conseils
» dans leurs difficultés. Elle leur tient
» lieu de mère, les dirige et les pro-

» tége comme ses enfants. Elle veille » à ce qu'ils soient toujours à même » de remplir leurs devoirs religieux. » *Si elle apprend que certaines maisons* » *ne remplissent pas les promesses qu'el-* » *les ont faites en demandant des su-* » *jets à l'établissement, elle fait aussi-* » *tôt sortir ceux qu'elle a donnés et les* » *place ailleurs.* »

» Vous voyez que rien n'échappe à cette nomenclature, et que tout le monde y trouve sa place : couvent, maison de refuge, communauté enseignante et communauté charitable ; pensionnat, hôtel garni, table d'hôte, maison de placement pour toute espèce de profession et d'état, d'emploi et de place !

» Laissons faire les ursulines, Messieurs, et bientôt nous serons tellement circonvenus, que nous ne pourrons plus faire un geste sans leur permission et sans qu'elles en soient instruites.

» Nous pensons que ces détails suffisent pour signaler les dangers qui nous menacent. Sont-ils moins grands que ceux qui résultent des principes subversifs répandus par quelques associations politiques ? Je ne le pense pas ; car ceux-ci ne s'adressent qu'aux hommes faits ; ils n'ont point entrepris de façonner à leur usage toute une génération (1). »

(1) Rapport au conseil municipal.—Toutes ces insinuations hypocrites dont parle M. Robinet, ont été admirablement reproduites par M. Eugène Sue, dans son *Juif Errant*, 4e vol., scène entre la Mayeux et la Sainte Perpétue.

Nous voilà donc constitués en état de surveillance ; nous allons vivre sous l'œil incessamment ouvert de cette police dévotieuse, d'autant plus redoutable qu'elle n'emploie que des gens dont nous n'avons aucune méfiance, et qui ont souvent même toute notre affection.

L'on ne peut rester impassible à la pensée de toutes ces perfidies.

Cela, du reste, concorde parfaitement avec la doctrine enseignée.

Si vous voulez frémir d'épouvante et de dégoût, vous n'aurez que l'embarras de choisir au milieu de toutes les instructions scandaleuses, offertes à des hommes dont l'âme devrait être, ce nous semble, préservée du contact de toutes ces impuretés (1).

---

(1) Voir note *F*.

Pour être respectés sachons donc nous rendre respectables, et ne nous exposons pas à ce que l'Église qui s'est élevée à côté de la nôtre puisse nous faire des reproches trop mérités, et nous montrer du doigt dans notre régle de conduite, de flagrantes et odieuses infamies.

Qu'il lui soit impossible, en prenant un livre de classe des séminaires, publié par ordre d'un évêque, d'y trouver des institutions révoltantes.

Et, on doit l'avouer avec douleur, en présence de ces avis donnés à celui qui doit être le dépositaire, et qui est trop souvent le maître de la conscience de ses frères, un pasteur de cette Eglise ne nous adressait-il pas à bon droit, ces remarquables paroles :

« Ce n'est point (dit-il en parlant du *Livre des Conférences pratiques...* adoptées par l'évêque de Saint-Flour pour son séminaire), ce n'est point la mère vénérée et chérie qui donne à la vierge ingénue un pudique conseil de réserve et de soumission ; non, c'est un homme; c'est un homme qui, lui parlant par théorie d'un lien sacré qu'il a abjuré d'avance, ose l'initier en des devoirs qu'il ignore et lui enseigner à revêtir le titre d'épouse ! Et, quand ce titre est pris, ce n'est point dans le sein d'une mère vénérée et chérie que sont versées les premières émotions de cette vie nouvelle, les premières confidences d'une sainte tendresse ; non, c'est un homme qui est tenu, par devoir et par état, de pénétrer jusques au fond du sanctuaire conjugal, et d'en faire lever sous ses yeux, impassibles sans doute, tous les voiles. Nous l'affirmons devant Dieu, ... si ce livre était lu, pas une mère ne souffrirait que sa fille s'agenouillât devant un confessionnal, pas un mari ne permettrait à sa femme de retourner à confesse, pas un fiancé n'oublierait de mettre pour condition à son mariage, que sa future n'allât point porter à ce tribunal sans appel, les pudiques prémices de sa confiance (1). »

Je ne citerai pas d'autre exemple

---

(1) Lettre à monseigneur le cardinal-archevêque de Lyon, sur la querelle de l'Université et de l'épiscopat, et sur les *Collationes practicæ*, à l'usage du séminaire de Saint-Flour, par Athanase Coquerel, pasteur de l'Église réformée de Paris.

de cette effrayante démoralisation... tout le monde m'en saura gré. Il faut vite détourner les yeux d'un si triste spectacle.

Non ! la religion ne doit pas être ainsi prostituée ; elle ne doit pas servir de base à l'ambition des uns ou à la spéculation des autres.

Et voilà pourtant ce qui arrive tous les jours.

Ici c'est un ministre de Dieu qui se sert de la parole évangélique pour signaler tel ou tel au mépris des chrétiens ;

C'est un évêque qui livre à l'enthousiasme ridicule des âmes faibles et fanatiques, un vêtement sans nom, qu'il appelle la tunique de Jésus-Christ;

Ce sont, tout près de nous, des ecclésiastiques qui réclament sérieusement contre l'authenticité de cette relique, et prétendent posséder seuls la robe du Seigneur.

Et le prêtre généreux qui, indigné de pareilles puérilités, aura le courage de représenter à l'évêque qu'il avilit misérablement sa véritable mission en exploitant la crédulité d'une façon aussi honteuse, ce prêtre sera censuré par son chapitre, il ne devra plus attendre que l'excommunication (1).

Là, c'est un marchand qui fait de sa boutique une succursale de la sacristie, qui met dans le commerce les choses les plus saintes et s'établit entrepositaire de messes.

Lisez, je vous prie, la curieuse let-

---

(1) Voir note *G*.

tre adressée par ce négociant recommandable à l'un de ses commettants.

« Monsieur l'Abbé,

» De nouvelles ressources qui nous sont arrivées depuis peu, nous permettent d'acquiescer complétement à votre demande en date du 2 de ce mois; en conséquence, vous aurez à dire 275 *messes à notre décharge, pour le montant intégral* (250 fr.) de votre souscription aux *Cours d'Ecriture Sainte et de Théologie.* Nous vous prions de vous conformer exactement aux cinq prescriptions contenues dans notre lettre du 7. Si nous demandons aux souscripteurs par messes qu'ils en acquittent 275 pour un ouvrage de 250 fr., ce n'est pas, à vrai dire, que nous donnions réellement des messes de 75 c. avec des messes de 1 franc; si nous l'avons dit quelquefois, c'était pour éviter de longues et inutiles explications. La vérité est que, donnant une prime considérable aux prêtres qui nous fournissent les messes, nous *rattrapons* (*sic*) cette prime par parties, en *imposant* aux souscripteurs *par messes*, l'obligation d'en dire *quelques unes en sus* du montant de leur souscription.

» Agréez, etc.

» ***. »

Suit cette recommandation écrite de la main de l'éditeur principal :

« Nous espérons qu'en reconnaissance vous propagerez notre œuvre autour de vous. Si quelqu'un de vos confrères voisins, manquant de messes, désirait souscrire à nos publications, nous nous ferions un plaisir et un devoir de lui en donner, sinon toujours pour la totalité de sa souscription, du moins dans la mesure de nos ressources; mais nous devons vous rappeler que les souscriptions par messe ne méritent aucune prime au propagateur (1). »

Ainsi la religion devient industrie.

Prenez garde! prenez garde!

La conscience publique sommeille, elle a pour garantie de sa sécurité ces graves paroles tombées d'une bouche royale, alors que sous le voile transparent de ses félicitations, un prélat demandait arrogamment pour l'Eglise *justice et liberté* :

« Je croyais avoir donné assez de gages de ma volonté de maintenir la

(1) Voy. *Journ. des Débats*, 30 octob. 1844.

liberté de la religion et d'entourer le clergé de toute la vénération qui lui est due, pour qu'il eût été inutile peut-être de me le rappeler dans les termes que je viens d'entendre.»

La conscience publique compte sur le pouvoir et le pouvoir saura la faire respecter (1).

Ou l'Eglise acceptera la destinée que les temps derniers lui ont faite, et elle abjurera franchement son passé pour ne songer qu'à l'avenir,

Ou elle ne l'acceptera pas;

Et alors le gouvernement aura la force de repousser toutes ces tentatives rétrogrades et de dire à cette ambition toujours croissante: « Tu n'iras pas plus loin. »

---

(1) Voir note *H*.

Né au sein d'une crise politique, terrible et puissante manifestation des besoins du pays, il réprimera les tendances coupables de ceux qui ne veulent pas comprendre la marche des siècles et prétendent aujourd'hui nous ramener à autrefois.

L'œuvre doit s'accomplir.

On sait trop bien à présent ce que coûtent les révolutions pour les laisser jamais devenir inféconde.

NOTES.

A.

(*Tous les princes doivent baiser ses pieds.*) Je trouve la réponse suivante à cette bravade, dans un petit poëme du dernier siècle, intitulé : *La France au Parlement* :

D'un despotisme altier redoutez les entraves;
Soyez au trône saint, soumis, jamais esclaves.
De Dieu seul dépendants, il faut ô souverains,
Baiser les pieds du pape et lui lier les mains.

B.

En 1268, saint Louis régla les rapports de l'Église et de l'État par sa pragmatique-sanction en 6 articles qu'il faut connaître.

En voici la traduction (*Revue étrangère et française de législation*, t. 1er, 2e série, p. 98):

1. Les églises, les prélats, les patrons et les collateurs ordinaires des bénéfices, jouiront pleinement de leurs droits, et on conservera à chacun sa juridiction.

2. Les églises cathédrales et autres, auront la liberté des élections, qui auront leur plein et entier effet.

3. Nous voulons que la simonie (l'achat et la vente d'un office ecclésiastique), *ce crime si pernicieux à l'Église*, *soit bannie de tout notre royaume*.

4. Les promotions, collations, provisions et dispositions des prélatures, dignités et autres bénéfices ou offices ecclésiastiques quels qu'ils soient, se feront suivant le droit commun, les conciles et les institutions des anciens pères.

5. Nous ne voulons aucunement qu'on lève, ou qu'on recueille les *exactions pécuniaires et les charges trop pesantes* que la cour de Rome a imposées ou pourrait impo-

ser à l'Église de notre royaume, *et par lesquelles il est misérablement appauvri*, si ce n'est pour une cause raisonnable et très urgente et pour une inévitable nécessité, et du consentement libre et exprès de nous et de l'Église.

6. Nous renouvelons et approuvons les libertés, franchises, prérogatives et priviléges accordés par les rois nos prédécesseurs et par nous aux églises, aux monastères et autres lieux de piété, aussi bien qu'aux personnes ecclésiastiques.

C.

On se rappellera toujours ces belles paroles de M. de de Châteaubriant, au sujet de la loi du sacrilége.

« La religion que jai présentée à la vénération des hommes, est une religion de paix, qui aime mieux pardonner que de punir; une religion qui doit ses victoires à ses miséricordes, et qui n'a besoin d'échafaud qua pour le triomphe de ses martyrs »

D.

« Voyez plutôt ! les catholiques sont en minorité en Angleterre, en Russie, dans l'Allemagne du nord, en Turquie, en Asie-Mineure. Si la France réservait tous ses respects, toutes ses faveurs pour la bonne religion, ne serait-ce pas encourager et légitimer de funestes représailles dans tous ces Etats anglicans, luthériens, réformés, grecs et musulmans, qui ne sont que trop portés à protéger exclusivement ce qu'eux aussi nomment à leur tour la bonne religion, et à réduire par conséquent la communion catholique à l'état le plus précaire.

» Considérons l'état de l'Irlande, les efforts tentés récemment sur la foi des Polonais.

» Rappelons-nous les arrestations des archevêques de Posen et de Cologne, l'affaire de Damas, et les mille avanies contre lesquelles les chrétiens d'Orient n'auraient aucun recours sans l'intervention de nos ambassadeurs.

» Où irait le monde, grand Dieu ! si la

France ne protégeait pas également dans ses possessions le culte juif, luthérien, réformé, mahométan ; si elle n'offrait à tous ces Etats du monde, un exemple qui déjà tempère leurs inclinations exclusives, et que tôt ou tard leur politique imitera. »

(*Lettres politiques de* M. Charles Duveyrier.—*Lettre à M. Affre.*)

E.

Nous transcrirons ici quelques lignes d'un prospectus qui a circulé il y a environ dix-huit mois dans tout Paris :

« Jusqu'aujourd'hui, y disait-on, cette œuvre (*l'œuvre dominicaine*), n'a vécu que d'elle-même ; c'est-à-dire qu'elle s'est soutenue par les ressources personnelles de ceux qui s'y consacraient. Nous devions à nos frères de ne point recourir à leur charité tant que nous pouvions nous suffire a nous-mêmes, et *tant que notre existence n'avait point pris un caractère de solidité et d'étendue digne de les intéresser*. La Providence, en nous multipliant et en nous appauvrissant, nous a donnés désormais à tous ceux qui espèrent quelque bien de nous, et nous a permis à nous-mêmes, de nous souvenir que nous portons le titre de *mendiants.* »

Il paraît que la charité des frères n'a point été sourde à cet appel, et que l'aumône est devenue prodigalité, car on parle de terrains immenses récemment achetés pour y établir le couvent des frères prêcheurs.

F.

D'après les *Collationes practicæ in sextum et nonum Decalogi præceptum, nec non conjugatorum officia,* le confesseur doit donner certains conseils aux fiancés, puis exiger qu'ils reparaissent devant le tribunal de la pénitence peu de temps après la consommation du mariage.

Voici quelques uns de ces singuliers conseils, dont par bonheur les bons prêtres dispensent ceux qu'ils unissent ou qu'ils ont unis.

Multi conjuges falsò arbi rantur omnia

sibi esse licita, agunt sicut equus et mulus..... Scito hæc sola conjugibus esse licita quæ ad prolem procreandam sunt necessaria.

Non licet tibi debitum matrimonii denegare ob aliquem mentis mœrorem aut humorem, vel etiam ob devotionem..... Illud tamen posses denegare et deberes si sæpius a te exigeretur, v. g., pluries una nocte. . .

. . . .

Omnes licentiæ in quibus os adhibetur et aliæ similes turpitudines, quamvis inter conjugatos frequentiores, sunt semper peccata gravia. . . . .

Quidquid pollutionem vel etiam probabiliter inducit, reputatur inter gravia peccata.

. . . .

In actu matrimonii uxor jacere debet sub viro, ne aliquid, ex viro fluens, perdat; illud sine gravi peccato non perderetur, si voluntariè perderetur. . . - .

. . . .

Confessarius autem sic eos interrogare potest circa ea quæ inter conjuges permit-

tuntur... Denegasti ne actum qui fit ad prolem habendam? Si responderit se denegasse, sciendum est ob quam rationem, et tunc judicabitur ex dictis an peccatum sit veniale, vel mortale vel nullum... Confessarius debet adhuc interrogare conjugatos circà tactus impudicos et alias infamias quas inter se frequenter exercent... Si tactus valde turpes exerciti fuerant, inquirendum erit an pollutio contigerit, an periculum illam patiendi vel procurandi exstiterit?

Un tel cynisme appartient-il à un prêtre ou à un infâme débauché ?

G.

Nous nous faisons un devoir de rapporter ici l'éloquente protestation de M. Ronge, curé de Laura-Hutte, contre toutes ces scandaleuses profanations.

Elle trouvera certainement en France autant d'approbateurs qu'en Allemagne.

Il y a dans la lettre qui suit une noblesse, une simplicité de sentiments et d'expressions vraiment admirable.

« Ce qui longtemps nous a paru n'être qu'une fable, qu'un conte, à savoir que l'évêque Arnoldi, de Trèves, va exposer sous le nom de la tunique du Christ, un vêtement à l'adoration des fidèles, chrétiens du dix-neuvième siècle, vous le savez, Allemands, et vous, instituteurs de la religion et des mœurs, vous l'avez vu et entendu; la fable, le conte est devenu une réalité, une triste vérité! Déjà cinq cent mille hommes ont fait le pélerinage à cette relique; d'autres y affluent en masse, surtout depuis que la tunique a guéri des malades et a opéré des miracles. La nouvelle s'en répand chez tous les peuples : en France même des ecclésiastiques prétendent qu'ils possèdent exclusivement la sainte tunique, et que celle de Trèves apocryphe.

» C'est le cas de dire avec Lessing : *Celui qui sur certaines choses ne perd pas la raison prouve qu'il n'en a pas.*

» Comment! cinq cent mille Allemands, cinq cent mille êtres doués de raison sont allés adorer un habillement! la plupart de ces pèlerins sont de la classe pauvre, ignorants, hébétés, superstitieux et très souvent complétement dégénérés, et les voilà tout à coup abandonnant la culture de la terre, quittant leurs métiers, s'arrachant aux doux travaux du ménage et à l'éducation des enfants, pour aller à Trèves adorer une idole et voir un spectacle ordonné et exécuté par la hiérarchie romaine! — Oui, c'est une idolâtrie; car bon nombre de ces malheureux sont, par-là, détournés des véritables sentiments de piété et de respect qu'on ne doit avoir que pour Dieu, pour adorer une robe, une œuvre faite par la main des hommes. Pour faire ce voyage et pour gratifier le clergé qui expose la tunique, des milliers de pèlerins empruntent l'argent à usure. Souvent ils mendient chemin faisant et retournent dans leurs foyers, malades, affamés, exténués, plus pauvres que jamais. A ces dommages matériels s'ajoutent de plus grands préjudices moraux. Bien des femmes et des vierges perdent la pureté de leurs cœurs dans ces pèlerinages. La chasteté, la réputation détruite, c'en est fait du bonheur et de la paix de leurs familles !

» Enfin, ce spectacle anti-chrétien ouvre la porte au fanatisme, à l'hypocrisie et à tous les vices qui les accompagnent. Voilà la bénédiction de la tunique sainte, qu'elle soit ou non la véritable tunique du Christ.

» Évêque Arnoldi, de Trèves, c'est à vous que je m'adresse, en vertu de mes fonctions et de ma vocation de prêtre et d'instituteur allemand du peuple, au nom de la chrétienté, au nom de la nation allemande, au nom de tous les instituteurs publics, je vous somme de suspendre l'exposition de la tunique, de soustraire cet article de toilette à la publicité et de guérir le mal, s'il est possible.

» Car ne savez-vous pas (comme évêque vous devez le savoir) que le fondateur de la religion chrétienne n'a pas laissé sa tunique à ses disciples, mais bien son esprit ! Sa tunique, évêque Arnoldi, de Trèves, appartient à ses bourreaux ! Ne savez-vous pas (comme évêque vous devez le savoir) que le Christ a dit : « Dieu est un esprit, et celui qui l'adore doit l'adorer en esprit et en vérité. » Partout donc on peut l'adorer, dans le temple de Jérusalem, sur le mont Garizim et dans l'église de Trèves où est la tunique. Ne savez-vous pas (comme évêque vous devez le savoir) que l'Évangile défend toute adoration d'images et de reliques ; que les chrétiens du temps des apôtres et des trois premiers siècles du christianisme ne toléraient dans les églises aucune image ni relique (et ils pouvaient en avoir beaucoup) ; que l'adoration des images et des reliques est un usage païen, et que les premiers chrétiens se moquaient d'eux à cause de cet usage ?

» Enfin, ne savez-vous pas (comme évêque vous devez encore le savoir) que l'esprit sain des peuples allemands du XIIIe et du XIVe siècle ne fut abaissé jusqu'à l'adoration des reliques, qu'après les croisades, après que la haute idée que la religion chrétienne donne de Dieu, fut ternie par toutes sortes de fables et d'histoires miraculeuses apportées de l'Orient ? Évêque Arnoldi, vous devez savoir cela, et vous le savez mieux que moi ! Vous connaissez aussi les suites fâcheuses que l'adoration des reliques et la superstition nous ont apportées, c'est-à-dire *l'esclavage de l'Allemagne.* — Et pourtant vous exposez votre relique ! — Toutefois, admettons que vous ne savez pas tout cela ; comment, si cette tunique possède des qualités curatives et miraculeuses, comment, jusqu'en 1844, en avez-vous privé l'humanité souffrante ? Comment, en second lieu, pouvez-vous accepter une offrande de chaque fidèle qui la voit ? N'est-il pas impardonnable de votre part de prendre l'argent des mendiants et des pauvres, d'autant moins que vous avez vu que naguère encore la misère a été la cause de troubles sanglants, et qu'elle a poussé ces malheureux à l'émeute et à la mort ? Oh ! ne vous faites pas d'illusions. Tandis que des centaines de milliers d'Allemands sont allés à votre tunique, des millions de mes concitoyens ont été remplis d'indignation à cet ignoble spectacle. Cette indignation surtout, monseigneur l'évêque, s'est fait jour au sein de nos prêtres catholiques. Donc la justice vous atteindra plus tôt que vous ne croyez. Déjà l'historiographe saisit le burin et lègue votre nom, Arnoldi, au mépris de la génération présente et future, en vous appelant le Tezel du XIXe siècle !

» *Signé* JEAN RONGE, *prêtre catholique*(1). »

H.

Nous avons remarqué une ressemblance frappante entre notre situation actuelle et celle de 1826.

On disait alors :

« Au moyen d'une association dite de Saint-Joseph, tous les ouvriers sont aujourd'hui enrégimentés et disciplinés ; il y a dans chaque quartier une espèce de centenier, qui est un bourgeois considéré dans l'arrondissement...

» Il n'y a pas jusqu'au placement des domestiques, dont on a eu soin de s'emparer.

(1) *Journal des Débats*, 29 novemb. 1844.

J'ai vu à Paris des femmes de chambre et des laquais qui se disaient approuvés par la congrégation. »

(*Mémoires par* M. le comte DE MONTLOSIER, p. 32 et 33.)

On serait tenté de croire que rien n'a changé ou que nous sommes de dix-huit ans plus jeunes.

FIN.

Imprimerie de RAYNAL, à Rambouillet.

www.ingramcontent.com/pod-product-compliance
Ingram Content Group UK Ltd.
Pitfield, Milton Keynes, MK11 3LW, UK
UKHW021907260726
13966UKWH00006B/1273

9 782012 837744